타인과 마리오네트 사이

타인과 마리오네트 사이

시인수첩 시인선 092

이은화 시집

여우난골

| **시인의 말** |

Anne,

올라*! 우리, 다음 계절은
어떤 인사로 만나고 있을까

당신의 누군가가 아니라서
아쉬움과 안도가 빚어낸 물음들

되짚어 보면
모든 시간은 열려 있다는 것

그리하여
'좋은 시절 함께 했던'
Anne에게
남은 생의 사과를 건넨다는 것

우리가 Anne이 되던
'처음처럼…'

* 올라(Hola): 안녕, 만날 때 나누는 인사.

|차례|

시인의 말·5

1부 │ 누구든 될 수 있어요

한나·13

기린의 식사법·14

연설·16

히죽히죽·18

타인과 마리오네트 사이·20

스크린·22

얼룩말 모니터링·24

해시시 클럽 혹은 턴테이블 위의 지중해·25

돼지 케이크·26

서서 달리는 관(棺)·27

오렌지 비타민·28

토끼와 거북이의 거북이·30

눈물의 정곡 · 32

홍씨와 탁씨 · 34

2부 | 유리가 몸 밖으로 돋아난다

바다 · 39

헛, 아름다움 · 40

베이직 · 42

Anne, 홀로 쓸쓸할 때 · 44

발굴하다 · 46

꿈틀, · 48

미미 · 50

올레! 올레! · 52

칸나 · 54

수미산 똥바다 · 56

우울의 온실 · 58

뱀딸기 · 59

국수(掬水) · 60

무궁화 인쇄소 · 62

유리달 · 64

3부 | 붉은 달은 지지 않는다

복사뼈에서 물뱀이 미끄러진다 · 69

달은 어떻게 죽는가 · 70

향 · 71

기다리는 중입니다 · 72

폭죽 · 73

나비극장 · 74

파란(破卵)·76

네 이웃이 잠들지 못하는 밤·77

사과꽃이 피었습니다·78

고도의 무늬·80

살모사와 국화꽃·82

푸른 염소의 방·83

가훈·84

달이 뜨고 지지 않았다·85

4부 | 당신의 누군가가 아니라서

당신을 만지고 싶은 낮입니다·89

첫,·90

길을 잃었습니까·92

사크로몬테·94

엄지 젖꼭지가 따뜻하다·96

낮을 읽는 밤 · 97

하루살이 · 98

튤립을 외면하고 · 99

레몬은 시지 않다 · 100

사랑 · 102

제비원 휴게소 · 103

살구꽃 우물 · 104

오만 볼트의 불안 · 106

오후의 애인 · 108

의자의 계절 · 110

해설 | 김진수(문학평론가)
꽃과 나비의 춤,
또는 집시의 노래 · 113

1부

누구든 될 수 있어요

한나

 숨 쉰다는 건 국경을 넘는 것 긴 호흡 견디고 있었지 사람들 손에서 밀밭의 꿈 사그라지던

 흰 피부에 금발을 가진 한나였지

 고해성사를 입버릇처럼 외다 쓰러져 잠들었지 알코올에 절어 성 바실리 성당을 흥얼대던 한나 초콜릿 성당을 맨발로 걷는 일 상상하곤 했지 낯선 사람들 사이 자기 발에 걸려 자주 넘어졌지 자신의 부고를 받았다며 침대에 기대 성호를 긋던

 웃는 한나 바실리 성당을 향해 걸을수록 멀어지는 밀밭, 금빛 미사보를 쓰고 술 따르던
 걷다 알코올에 절은 날이면 초콜릿 안에서 잠들었지

 달콤 쌉쌀한 맛 얼리려 시베리아를 끌어안던 한나
 끌어안을수록 폭염 같은 고해성사에 기도실은 젖고 자꾸만 성당은 녹아내렸지

기린의 식사법

 우리도 벌릴 쓰레기가 있을까, 동생이 곰팡이 털어낸 빵을 삼키며 묻습니다 버릴 수 있는 건 가족과 자신뿐이라는 차가운 말 목에 걸립니다 살아남아야 한다는 각오가 기린 목으로 자라는 천막 안 우리는 마을 밖의 오렌지를 따 먹을 수 없습니다 손이 닿기 전 사라져버리는 오렌지, 오늘은 식사 배달차가 오지 않는 휴일입니다

 동생은 배고픈 아침마다 쓰레기 더미에서 주운 기린 그림을 봅니다 고개를 들어 싱싱한 잎을 음미하며 느리게 소화시키는 기린의 식사법을 읽습니다 우리의 식사법은 유통기한을 보지 않는 것이야 숫자를 털어내는 것이지, 기린을 품고 누운 동생의 잘린 발목을 쓰다듬습니다

 표정은 죽었지만 눈빛은 오한으로 들끓는, 오렌지 농장을 지나 무서운 담을 넘어 우리를 보러오세요 가방과 모자에 싱싱한 오렌지를 담아 오는 일은 이 마을에 대한 아름다운 예의, 우리의 식사법을 즐기는 티켓은 오렌지면 충분해요

 입에서 입으로 슬픔을 옮기는 사람들의 노래를 중얼대다 하루를 넘깁니다 내일은 반가운 쓰레기차를 만날 수

있겠지요 달콤한 악취가 식욕을 채우는 이곳의 바코드
는 언제나 싱싱합니다

연설

광장을 점령한 은행 냄새
사람들은 비염을 앓는 중이다
약이 되지 못하고 썩어가는 중이다

높이 뛸수록 상처받은 몇몇 사람들
은행을 털어 바다로 가는 중이다
물수제비를 뜨다 던지려는 듯

던지는 순간 광장으로 뛰어나가
마스크 벗어던지고 헹가래 칠 이들이
바다 소식을 기다리는 중이다

벌목공들을 삼키고 자라는
해묵은 나무의 은행들
날마다 쏟아지는 중이다

오리발 잎사귀로 하늘을 가리는 은행
개그맨들이 핑퐁처럼 가지고 놀다

버리는 은행

우리가 죽어 썩은 뒤에도 썩지 않을
가공된 맛과 냄새들이
입에 쓴 명약처럼 광장을 누비는 중이다

바다로 갔다는 사람들은 있지만
돌아온 사람은 없는 광장
노인들이 내일 날씨를 걱정하는 중이다

히죽히죽

누구든 될 수 있어요
머리에 뿔이 쑥쑥 자라 천장에 닿을 듯 말 듯 발톱이 출렁이는 밀림 속 뿔과 꼬리와 날개,
나는 나를 끼웠다 뺐다 곡선을 따라 어깨를 흔들어요
주치의가 고개를 저어요
바람 한 점 없는 숲을 내밀어요 박제된 동물원을 내밀며 손끝으로 책상을 두드려요
사자 눈을 손에 쥐여 주며 맞춰 보래요
쏟아지는 그림 조각들, 나는 무성한 숲을 키워요
펭귄 머리에 기린 뿔을 물개 머리에 들소 뿔을 끼워 넣고 히죽히죽
주치의 얼굴에 열꽃이 부풀어 올라요 펜 휘갈기는 소리가 관자놀이를 스쳐요
펜 끝에 얼마나 더 갇히게 될까요
이곳은 불빛이 꺼지지 않는 회색 방
퍼즐 놀이는 언제쯤 끝이 날까요
발목을 꺾는 펜 앞에서 타인의 춤을 출 수는 없잖아요
식판에는 알약이 수북이 쌓이겠지요 나를 먹어 치울

약들이 스멀스멀, 그런데 어떡하죠
 히죽히죽 자꾸 웃음이 나와요

타인과 마리오네트 사이

우리는 춤을 멈출 수 있을까

레게 머리 소녀는 팔과 다리에 감긴 실을 튕기며 묻습니다 입술에 코랄 틴트를 덧칠하며 휘장을 들춰보는데 소리에 갇힌 저 관객들의 흥미가 무섭지 않니, 레게 머리 소녀가 눈물점을 찍으며 웃습니다

목이 쉰 환호성들을 들어 봐 저들도 입 안의 통증을 앓고 있어 우리처럼 말이야, 레게 머리 소년이 박음질 된 입을 뻐금대며 녹슨 건반처럼 삐걱대는 세기를 견딥니다

*

수천 개의 눈에 갇힌 나를 왈칵 토해내고 싶은데 어쩌지 타인의 삶이 살갗 같아서 벗겨낼 수 없어 내일도 우리는 박수 소리를 맞으며 춤을 팔고 있을까 낮게 속삭이며 레게 머리 소녀는 울먹입니다

타인의 얼굴로 타인과 밥을 먹고 타인과 키스를 하지 빛 속에 갇혀 타인의 춤을 추는 우리, 흥얼대는 소년에 채찍이 감깁니다

*

　레게 머리 소녀는 체념하듯 객석을 향해 포즈를 취합니다 진하게 에스프레소를 마시고 싶은 날이야 타인의 웃음 끝에 걸린 질긴 놀이를 이어가려면

　객석을 봐 당신은 누구의 마리오네트입니까, 묻지만

　저들은 귀가 없잖아
　빈 환호성만 있을 뿐 소년의 말에 소녀는
　관객들 표정을 살핍니다

스크린

노동은 찢어진 날갯짓, 날개 해지도록 늪을 건너 유채꽃 핀 그곳에 가닿는 거야. 더는 입술에 달빛 적시지 않는 곳으로. 무거운 머리로 왈츠를 출 수 없던 날갯짓 이제 멈추는 거야.

노랫말이 커튼을 흔든다

나비의 날갯짓을 갈구하는 레이스 사이
칼날이 노래를 찌르자
수직으로 날아오르는 왕물결나방 창문을 빠져나간다

정전이다

박스 몇 개가 이사 들어온 집 불이 켜진다
커튼 속 허기진 하품이 달빛을 삼키는 동안 주행을 꿈꾸는 물결무늬 날개가 나비의 음표를 베끼기 시작한다

수직으로 내려앉는 왕물결나방, 나비의 곡선을 베끼는

숱한 날갯짓에 방 안 나방 가루 뿌옇다 초승달이 노래를 찌른다

　정전이다

　창문을 빠져나간 그들은 늪을 건너 유채꽃에 가닿았을까 그곳에서 나방의 옷을 벗고 나비춤 추고 있을까

　무화과 아래, 달빛 얼룩진 묘사를 훔쳐보다 창을 버린다

얼룩말 모니터링

위하여!
높을 잔을 든다 뒤처지지 않으려는 얼룩말처럼

위하여! 이 순간이 흩어지면 어쩌나 얼굴마다 불안이 읽히는 실시간, 결심을 돋운다 건기와 우기 사이 선두를 놓치지 않으려 진화하는 세상처럼

멈추는 순간 황무지가 되는 초원의 내밀한 관계 속
위하여! 이 말이 씁쓸하게 식도를 훑는다 위하여! 선창과 후창을 외치며 잔을 채운다

무릎 꺾인 얼룩말들이 얼룩으로 채워진 초원
누군가 앞서 달리면 긴장한 얼굴들이 무리에서 멀어진 얼룩말의 울음을 지우며 달리는 곳

쓰러지는 이름들을 애써 외면하는 낯익은 얼굴들이
풀꽃과 바람과 벌레 울음소리를 밟으며 말발굽 소리 속으로 뛰어들고 있다

해시시 클럽 혹은 턴테이블 위의 지중해

 라틴 음악에 리듬을 푸는 플로어, 혀가 술잔들 사이를 지나 얼음 채운 욕조 속으로 뛰어든다 술병을 움켜쥐고 침대로 돌아왔지만 잠이 든 당신, 혀끝을 둥글게 말아 마개를 딴다 입에 술병을 물리고 당신의 입안으로 들어가는 혀

 잠 속에서 인어를 낚는 당신, 짜릿한 감각들이 봄꽃 피우는 초속 5km를 지나 꽃향이 여름 볕에 타는 순간을 지나 입맛 다시는, 갈증의 환각들이 살사를 추는 지중해 혀가 당신의 입에서 빠져나온다 인어의 꼬리를 따라

 도로 위 불꽃 튀는 바퀴들 사이를 지나간다 클럽 안 구두 굽들을 피해 턴테이블 위로 올라가는 혀 카프리! 인어를 찾아 두리번댄다 욕조를 향해 뛰기 시작하는 혀, 털 빠진 북극곰처럼 얼음 사이를 헤엄쳐

 술병을 움켜쥐고 해시시 클럽을 빠져나온다

돼지 케이크

돼지가 익는다 축대에 깔려 발버둥 치다 기절한 돼지 짧은 다리를 쭉 펴고 누웠다 캐러멜 빛깔로 익는 통돼지 앞 둘러선 사람들이 종이 접시를 돌린다 돼지가 익는다 돼지가

지구보다 더 빨리 돌고 있다 지구보다 빠른 돼지는 잘 익는다 다릿살과 꼬리와 껍데기를 썰어 담은 접시를 들고 사람들 기념사진을 찍는다 타인과 타인이 어깨를 기댄다 머리와 머리를 맞대고 웃는다 두 주먹을 꼭 쥔 채

돼지가 사라지자 가족처럼 모여든 사진 속의 사람들 바쁘게 흩어지고 살이 발려나간 돼지 뼈다귀 앞 몰려든 마을 개들 꼬리를 흔든다 살랑살랑, 송곳니를 숨긴 채

누군가의 숨을 태우지 않으면 내 숨이 타야 한다는 그 사람 말이 떠오른다

서서 달리는 관(棺)

   딩동 B가 9층 엘리베이터에서 내린다 8층 엘리베이터에서 저녁을 먹는다 7층 엘리베이터에서 헬스를 한다 6층 엘리베이터에서 섹스를 즐긴다 딩동 엘리베이터에서 넥타이를 맨 B가 내린다 B1층 비상구 앞에서 망설이는 B, 딩동 엘리베이터 앞 탑승을 놓친다 푸른 바다와 흰 요트를 가리키는 손목시계 초침들, 엘리베이터 앞 탑승과 비상구 사이 머뭇대던 갈등을 다독인다 요트에서 즐기는 코발트블루를 지우며 B가 엘리베이터에 오른다 출근길에 오른 표정 잃은 바코드들, 지중해를 꿈꾸는 익숙한 얼굴들 출구를 등진 채 서 있다 딩동 B가 9층 엘리베이터에서 내린다 하루 일을 시작한다 화장터 가기 전까지 엘리베이터에 자신을 가둔 B, 그가 걷고 뛰다 넘어지자 다시 몸을 세워 달린다 달리는 동안 창밖은 마린블루, B의 B에 B들이 달린다 딩동 숨 쉬는 하관(下棺)이 열린다

오렌지 비타민

아버지는 거룩한 양식을 물고 왔다
그늘진 곳에서 주인집 눈치를 보던
우리는 배부른 파티를 열었다
성탄을 감사하며 풍성하게 차린 밥상
비타민을 갉아먹는 가족들 웃음소리
서서히 어두워지기 시작했다
우리는 밝은 곳을 찾아 서로의
꼬리에 꼬리를 잡고 기어 나왔다
무언가가 머리를 후려쳤다
수십 개의 오렌지가 번쩍였다
손발이 하늘을 향해 바르르 떨리고
배 위로 눈송이들 녹아내렸다
눈 부릅뜰수록 어두워지는 세상 너머
아버지의 울분이 차가운 종소리를
타고 공중으로 울려 퍼졌다
생의 경계를 넘지 않으려 뛸수록
빛을 가둔 문들이 겹겹 닫히는 아침
가난의 대를 끊는 몸살이

빛과 어둠의 경계를 지우고 있었다
한 번의 온정도 허락되지 않은
유보의 끝
오렌지를 공중에 던지고 받는
광대처럼, 온 가족이 저글링 묘기에
생사를 걸던 날이었다
작은 입에서 터지는 폭죽들이
내장처럼 쏟아지는 성탄절 축제였다

토끼와 거북이의 거북이

 아버지가 달리자 오빠가 달린다 어린 나도 덩달아 달리던 토끼잡이 학교와 집에서 읽히던 동화책
 잡아라,
 토끼 잡아라 집집마다 산업화 액자에 걸려 있던

 토끼는 어디로 갔을까
 기계처럼 달리던 아버지와 오빠의 우상이던 토끼는
 아버지는 산업화 토끼를 잡고 오빠는 민주화 토끼를 잡고 나는 자본주의 토끼를 잡기 위해
 발랄하게 걸어가는 변천사

 아버지는 토끼에게 잡아먹히고 오빠는 토끼 꼬리를 품고 숨어버린, 마른 숲에서 혼자 외롭게 달리는 토끼잡이

 내가 달리고 어린 아들 딸이 뒤이어 달리는 토끼잡이
 잡아라,
 토끼를 잡아라 집집마다 자본주의 액자에 걸려 있는,
 달렸으나 잡히지 않은 상상의 토끼 속도를 놓치자 느린

걸음이 그리워지는
 울음 끝에서

 거북아, 거북아, 부르면 슬프게 빛나는 눈 거북이 달린다 광화문 한복판 눈 짓무른 거북이 달린다

눈물의 정곡

 워메! 오죽허믄 갯바람에 보살 집 문 두드렸것소. 긍께 점괘가 지대론지 다시 봐보소 그랴도 나가 영 몹쓸 사주는 아닌디.

 아따! 그 창자 속 누가 안당가 나나 됭께 알제. 생긴 건 멀쩡혀갖고. 뭐 헐라고 시상 나와부렀소. 불알 터지게 일혀도 물 새듯 뫄지는 건 읎고 허허 웃곤 살어도 빈 웃음이랑께.

 북받치는 통곡 쏟아내는 처녀무당 지 가슴 치며 절레절레 고개 젓는디 무당 몸속 들어앉은 동자신 울음에 촛불이 젖는디

 그때 손님 눈에 힘 풀리믄서 울먹울먹 헛헛한 웃음 웃드랑께

 신당 안 이승과 저승을 잇는 만신 방울 소리에 얼쑤! 촛불이 활활 춤추는디 담배 달게 빠는 처녀무당 눈길이

복채 꺼내는 손에 멈추는디

  보살님, 내 속창아지 힝편 훤히 보이지라. 영험헌 보살이 모르믄 이 숯검댕이 속 누가 알것소. 복채는 외상으로 달아두소. 안 띠고 갚을 께라.

  쓰윽 눈가 훔치믄서 손님 나가는디

  벽화 속 최영 장군이랑 산신은 맥 놓고 뒤통수 쏘아보는디 재수 옴 붙었다, 처녀무당 담배 연기 내뱉는디 아따! 고거 영 거시기 허드랑께.

홍씨와 탁씨

 웜메, 고약헝 거. 자네 밥 냅두고 왜 놈의 밥을 묵는당가.
 워따, 참말로 생사람 잡아불구만, 나는 내 밥 묵었단 말시.

 참 내! 눈구녕 뒀다 어따 쓸라고, 놈의 밥을 묵고 난리여.
 자네야말로 눈구녕 빼서 개한테나 줘불소.

 먼 소리여! 나가 개눈깔 박아 불었는가안. 그라도 눈두덩 만지문 수북한 것이 영판 좋당께.
 염병! 오죽 좋것네. 그나저나 밥알 튕게 말 좀 살살 하소. 오늘따라 이놈의 밥알은 별시럽게 끈끈하고 지랄이여.

 어이, 탁씨. 그라지 말고 사람 불렀으믄 쌈 한 번 싸줘 보소. 지 입에다간 허천나게 쑤셔 넣믄서.
 병신, 자넨 손이 없당가 발이 없당가. 싸게 입 벌리게.

워따! 안 주고 뭐 한당가. 맘보가 그 모냥잉게 눈꼬락 서니가 그라제. 말 인심만 살아갔고잉.

 사람, 성질머리 급하긴. 더듬는 것이 다 구멍이고 허방이랑께.

2부

유리가 몸 밖으로 돋아난다

바닥

한 번쯤 이쯤일까,
되묻고 싶을 때가 있지
지나고 보면
이쯤이란
마지막 숨을 몰아쉬던 자리
우리는 알고 있지
딛고 있는 자리가
수렁의 꽃술이라, 허우적댈수록
활짝 핀다는 것을
마지막 고비라고 눈 감을 때가
비로소
숨꽃 트이는 자리라는 것을
하지만
이제 답을 찾는 일 접어두고
연애나 하고 싶다
땅에 발 딛고 살아가는 일
수렁이라도, 피는 꽃은 아름다울 테니!

헛, 아름다움

누구일까
평범하고 날카로운 물음이
거울을 뚫지 못하고 미끄러지는 순간들

묻다, 정체성이 희미해져
생활 속에 물음을 묻고 밤마다 꺼내보는

고대의 생물을 발견한 학자처럼
이름을 붙여보는 것이다
지었다 허물기를 반복하는 것이다

웅크리고 앉아 담배를 피운다
숨 끊어질 듯 연기를 빨아 내뱉을 때면
지혈 중인 빨강 꽃

자신의 이름을 부르며
서로의 오드아이를 들여다보는 동안

묻어둔 물음을 꺼내 뜨겁게 되묻는 우리는
누구일까
중얼대며 사람들 속으로 파고드는 것이다

베이직

 마술의 춤 고행의 춤, 멎는 순간 거울이 어두워지는 음악이 꺼지고 길이 사라지는 우리 중심의 궤도에서 밀려나지 말아요 베이직을 밟아요 춤꾼들의 걸음처럼, 걷는 일은 죽음에 취해가는 은유의 춤 나를 환원하는 축제의 연속이잖아요

 춤추고 싶어요
 알 수 없는 농도와 빛깔을 찾아
 사방 거울에 비치는 흥겨운

 순례길

 허리에 스치듯 감기는 야릇한 감촉
 손끝에서 지워지는

 이 순간, 나는 내게 낯선 사람

 한쪽 다리로 체중을 옮겨가며 신발 밑창 닳도록 베이

직을 밟아요 침대가 삐걱대는 격렬한 춤 우리 흥분된 리듬 놓치지 말아요 더 들킬 낭만이 없는 자줏빛 주단 위에서 함께 리듬을 밟아요 안개 속의 꽃을 찾으러

 안개를 놓치면 우리는 다시 이 자리 밀고 당기는 손끝에서 돌고 도는 세상 틴, 틴, 틴 아닌 삶이 어디 있겠어요 립스틱 색을 바꾸고 베이직을 밟아요 곁에 남는 사람은 오직 자신뿐인

 길,
 함께 건반을 밟아요

Anne, 홀로 쓸쓸할 때

멜빵바지를 입은 소년과 단발머리 소녀가 브런치를 먹고 있어 나이프를 든 소녀는 손을 떨어 마른 잎처럼 말이야

소년이 소녀의 손등에 손을 얹자 소녀가 엷은 웃음을 지어 은발에 햇살이 쏟아지는 순간이야 느리게 접시를 비우는 동안 소녀의 떨림을 이해하는 소년 얼굴에 주름이 지고 있어

자꾸 소년과 소녀를 훔쳐보게 돼 예쁠 것도 없는 은발의 풍경을

아름다운 것들은 쉽게 사라져
키스처럼,
그래도 키스가 필요하다는 믿음은 변함없어 사라지는 것들은 격렬할 자유가 있으니까 카페에서 홀로 쓸쓸할 때

키스는 위로가 될 수 있잖아

소년 소녀가 나란히 눕는 소리가 들려 사라진 길을 따

라 은발이 되고 허리가 굽었겠지 소녀의 떨린 손을 잡아주던 소년이 떠올라 아름다운 것들은 왜 슬퍼지는지 몰라 붉음일까 초록 때문일까 느리게 접시를 비울수록 자꾸 허기가 져 딥키스가 필요한 날이야 누구라도 괜찮다면 은발 소녀의 키스를 훔칠 거야 소년과 소녀가 사라지고 있어 햇살 속 눈 녹는 듯 말이야 아직 머리칼 한 올도 훔치지 못했는데 자꾸 사라지는 소리가 들려

  소년과 소녀가 숨어드는 길을 따라가면 키스를 훔칠 수 있을까 소녀 대신 누울 수 있다면 더는 춥지 않을 거야 유독 춥던 햇살을 녹일 수 있을 테니까

  Anne, 키스에 갇혀 돌아오지 않기를 기도해줘
  와인 잔을 사이에 두고 늙어갈 누군가에게 식탁을 내어주고 싶어
  혼자 먹는 밥은
  식탁에 대한 예의가 아니거든

발굴하다

목각 속에서 인형을 꺼낸다
꺼내면 꺼낼수록
늙지 못한 채 점점 작아지는
인형, 눈빛이 붉다

눈먼 나비로 날아오르는
내 안에 인형들
나를 깎아 가두던 시간이
눈망울 또렷하게 뜨고 지켜보았을
서른아홉, 스물아홉, 열아홉…

나는 누구입니까
질문을 찾아 허물 벗듯 날개돋이 하는
천적의 날카로운 감각을 뚫고
날아오르는

길을 찾기 위해
겹겹의 나를 들어내는

발굴 현장

유물을 발견한 듯 몰려드는 혓바닥들
이름을 낚아채는 소문들이
날기 시작한다

본질을 불러내면 안 된다는
노인들의 놀란 혀가 현장을 에워싼다

꿈틀,

뒤주에서 뱀을 들어올린다 움켜쥔 뱀 꿈틀대는 동안 무화과나무는 자라고

색실 엮듯 실뱀을 엮어 아이 머리를 땋아 내리는 어머니 땋은 머리가 허리를 감으며 조여들고 짧은 치마폭 위로 뱀들 모여드는데

뱀 혀가 입술에 닿을 듯
마음 삼킬까 두려워 아이는 무화과 잎만 바라보는데

어머니 치마 속은 뱀들의 천국 어머니 근심 안에서 키가 자란 아이

뱀의 지혜를 배워야 뒤꿈치 물리지 않는다는 어머니 환청이 허리춤을 놓아주지 않는다 아홉수, 물린 뒤꿈치를 본다

어머니는 독을 해독하지 못해 명치끝 독항아리를 짓고

들어가 잠이 들고

 상처를 기대지 못해 항변하기에 바빴던 혀가 실망에 익숙해지는 동안, 무화과 열매 퍼렇게 익어갔다

 독 오른 무화과를 먹으며 여자가 된 아이, 뱀들의 낙원에서 뒤꿈치 세운 여자가

 뱀들과 혀를 맞춘다

미미

울먹울먹 나를 끌어안는다
이 아이, 누구와 거짓 울음을 가지고 놀았을까

놀이를 그만두라는 말은 꽃 피우고 열매 맺지 말라는 무서운 외침

할머니와 어머니 얼굴에 피던 쓸쓸한 모란을 미소 속에 숨기고 있는 나를 봐 세상은 그려진 얼굴처럼 아름답지 않지

아직은 모란의 자서전을 한 잎 두 잎 이해하기 어린 나이

이 아이, 놀이에 집착하는 순간 향기를 잃은 내 표정 닮아가겠지 미미, 미미, 꼭 끌어안는 아이 품에서 더는 누구도 안아줄 수 없다는 생각

놀이를 엎을 수 없는 플라스틱 꽃밭에서 놀이가 무덤

이 되는 세월 앞에서 미미한 향기 풍기다 시드는 모란의 시간을, 아이는 다시 쓸 수 있을까

올레! 올레!

깐테 혼도*
올레**

 빨간 치맛자락 펄럭 접히는 소리 깐테 혼도! 무희의 박수 소리에 맞춰 안개를 들이마시며 올레를 외친다 올레! 올레! 춤추다 혼절하는 바다 갑판 불빛들은 안개를 태우지 못한다

 눈빛들이 손금을 의심하는 순간 무희가 박자를 놓친다 빨간 회오리 치맛자락 속으로 타들어 가는 경쾌한 구두 소리와 박수 소리

 바다에서 돛도 잃고 닻도 잃은 채 외치는 올레! 올레! 관념어에 매인 나침반 바늘이 태양을 찾아 헛바퀴 돈다

 올레! 올레!
 사람들이 안개의 맥을 짚는다 물 위를 걷던 베드로가 뒤를 보는 순간 물에 빠졌다는 전언

깐테의 태양,

물 위의 플라멩코

---

* 깐테 혼도(Cante Jondo): 심오한 노래. 플라멩코 가창에서 심오하고 고통스러운 절규.
** 올레(Oie): 힘을 내라는 감탄사. 플라멩코 특유의 구령.

칸나

칸나가 피었다
집시들은 춤 혼이 피었다며
칸나의 계절을 예찬한다

사내의 입에서 구르는 수십 개의 혀
노래에 맞춰 무희가 플라멩코를 춘다
박수를 치며 발을 구르는
빨강, 피를 데운다 뒤꿈지가 들린다

칸나의 중심이
기타 치는 사내의 손끝에서 타들어 가는
사크라몬테 집시촌*
캐스터네츠가 맥박처럼 뛴다

칸나를 가두던 가장자리
거친 입김이 단단한 중심을 풀어 놓는다
춤이 칸나로 발화하는 동굴 속

절벽 끝을 스치며 만개하는
칸나
박수 소리가 집시 눈에서 나를 끌어낸다

* 스페인 그라나다의 집시촌. 동굴을 파서 주거지를 만들었다.

수미산 똥바다

부디 내일은 좋은 일이 있기를
손가락 너덜대도록 수미산 암벽을 오른다
새 떼의 어지러운 날개가
우리를 스치며 울어대는 암벽
고막을 찢는 울음과
날카롭고 단단한 부리를 피해 올라선
수미산 정상, 똥바다가 출렁인다
우리는 롤러코스터를 탄다
필연과 우연을 비추는 인다라망 위
파도의 리듬을 타고
세상으로 세상으로 거침없이 달린다
똥바다!
꿈이어도 좋다고 생각하는 꿈, 속까지
따라온 악착스런 불안이
앞을 가로막는다
롤러코스터가 암초에 부딪친다
내일은 기필코 좋은 일이 있기를,
허우적대며 외치는 똥바다 속에서

주술을 움켜쥐는 순간
일제히 암벽을 날아오르는 새 떼들
꿈 밖으로 내민 한쪽 날개가 공기에 젖는다

우울의 온실

불안을 빼앗지 마라
나는 우울 안에서 안전하다
울음을 빼앗지 마라
나는 울음 안에서 행복하다
여유를 장식한 웃음은
마리화나가 없지
끓는 속울음이 없지
누구든
끓어오르는 마음을 들여다봐
자신만의 온실이 보일 거야
우울은 또 다른 욕망의 이름
거세된 욕망이 날개를 펴고
날아오를지도 몰라
우울은 행복이라는 역설의 꽃
여러분 앞에서
정의할 수 없는 울음과 웃음들
진단하려 하지 마라
작은 실수는 내 개인의 축제다

뱀딸기

 구멍에 손을 넣다 땅속으로 끌려들어 갔지 뱀에 홀렸을까 딸기에 홀렸을까 딸기꽃을 물고 가는 뱀이 고와서 두 뺨이 붉게 물들었지 뱀들은 뱀딸기만 먹고 사느냐고 물어도 대답이 없었지 뱀 머리 구멍을 파기 쉬울 것 같아 흙 속의 환한 세상까지 가 볼 수 있을 거라 생각했지

 뱀 굴 속을 따라 돌다 꽃뱀을 잡아먹는 독사를 보았지 서로의 꼬리를 물고 바닥에 둥근 원을 비비는, 먹고 먹히는 경계가 춤이 되고 꽃이 되어 잦아들었지 꼬리로 딸기를 탁탁 치고 있어 무섭지 않았지 꼬리로 내려친 딸기에서 독오른 뱀이 피어났고 딸기꽃이 내 몸으로 번졌지 이것은 독일까 향일까 생각하는 사이 머리를 낮춘 뱀과 눈이 마주쳤지

  그날 이후
  지나가는 길마다 검은 뱀딸기 열리고 있었지
  돌아보면 내가 무서워지는
  한낮이었지

국수(掬水)

달을 품고 걸어본 적이 있다
달의 면은 늘 붉은 이유로 생각은
자주 충혈되었다

사는 동안 안전한 직장과
꽃밭과 아늑한 방을 가져본 적 없는
세월 속 사소한 기쁨마저 불안한
안개로 내려앉았다

우리라고 믿던 이들은 여러 얼굴을
가진 이유로 웃음과 돈 뒤로 숨곤 했다

늦은 깨달음을 다독이면 달의 면이
쉽게 붉어졌다

함께 걸었으나 혼자 남은 안개 숲
명치끝 멍울을 풀기 위해
절창을 피우던 계절을 품은 적이 있다

움켜쥐려던 물들은 빠져나가고
몸 안에는
뭉클한 달들만 떠 있어
가끔 회전문에 갇혀 사라질 때가 있다

무궁화 인쇄소

무궁화호가 숨을 덜컹거리며 달린다

에어팟을 끼고 앉아 물끄러미
창밖을 보는 여자

떠나지 못해 고정된 얼굴
여자의 조판(組版)이 유리창에 뜬다

브레이크 고장 난 선로 위
레일 위를 달리는 경적과 울음

이렇게 뜨거운 인쇄소 어디 있겠는가

유리 한 장에 현상되는 이름의 내력
칸마다 같은 얼굴만 찍히는
이런 원고지 칸이 어디 있겠는가

어둠과 밝음이 경계를 넘나드는 화면

숨을 덜컹거리며 마음을 찍어대는
유리 인쇄기 한 장

굴러가는 바퀴
불꽃 튀기며 순간이 용접되는 길
독자가 오직
자신뿐인 책을 끊임없이 찍어대는

유리달

지하실 벽 너머 유리 공장
깨진 유리 퍼 담는 소리
부서진 파도가 가죽 포대에 쌓인다

수만 권의 책을 쌓아
벼랑을 이루고 있는 계단 끝
절벽 타고 올라가
시퍼런 달의 서슬에 목을 베이고 싶다

눈 감으면
달빛을 타고 흘러내리는 황홀한 핏물

머리맡 쌓여가는 책 더미 위에
나를 한 권의 책으로 올려두고 싶은 밤

몸 안에서 파도가 출렁인다
책장을 넘기는 소리마저
파편으로 튀는 위험한 방

파도가 몰고 오는 용암 끓는 소리에
잠을 놓친다

농담으로 조각 난 유리가
몸 밖으로 아프게 돋아난다

3부

붉은 달은 지지 않는다

복사뼈에서 물뱀이 미끄러진다

물 손아귀에 머리채 잡혀갔다는
소문이 잠긴 곳
저수지 둑을 걷는다

물벽을 갈퀴질하는 시퍼런 손톱과
아이의 빨간 치마가 떠 있던

물가에 제 울음 헹구는 붓꽃처럼
간간이 물결을 뒤흔드는
저 바람 소리

머리칼 한 움큼 잡힌 채
물속으로 빠져드는 놀란 울음 같던
질긴 생각들이 핀
저수지 둑 풀숲을 걷는다

날 선 풀잎이 스친 맨 종아리
빨간 실오라기 감긴다

달은 어떻게 죽는가

내게는 이름이 없다

누덕누덕 기워도 한 편의
만월이 되지 못하는

말과 말 눈빛과 눈빛에 홀린
관계 중독자들의 식탁에서

가위눌림을 견디는 뱃속은
비문 없는 달들의 공동묘지

이름이 없는
달은 어떻게 죽는가
달무리로 질 연한 **뼛조각**들의
발길질을 참는 밤

편 편의 무덤 앞
오늘은 나도 내 몸이 무섭다

향

노을이 산을 태운다

숱한 기도를 사르던 향료 속
뿌리까지 타지 못한 향이 손에 잡힌다

내 뼛가루도 부드럽고 가벼울까
뺨에 재를 비벼본다

쏟아진 재들이
돌계단 넝쿨손에 내려앉는다
바람이 넝쿨손을 펴 재를 흩뿌리자
허공에 박히는 씨앗 없는 욕심들

늙은 재색 뱀 한 마리
삼성각 돌계단 똬리 틀고 앉아

꺼져가는 산
하늘에 촘촘히 박히는 별들 바라본다

기다리는 중입니다

 아이는 거칠게 춤을 추며 몸에 대한 질문을 쏟아부었습니다 눈송이가 펑펑 날렸습니다 눈 쌓일 겨를 없었습니다 정신없이 퍼붓는 질문이었습니다 서서히 그치는 눈 속에서 아이도 잠잠해졌습니다

 몸 중심이 무너진 아이는 이제 오지 않습니다 위태로웠던 소아마비 춤도 사라졌습니다 아이가 흔들리던 자리마다 눈이 쌓이고 수북한 얼룩이 기다림을 녹이는 동안 아이의 발자국이 지워집니다 사람들은 소문을 다문 채 내게 몸을 비추며 지나갑니다

 몸에 대한 물음의 무게가 다시 질문이 되고 노란 날갯짓 아른거려 자꾸 눈이 내립니다 아이가 오긴 하는 걸까요 함박눈 속 노랑나비가 날아오릅니다 아이는 어디쯤 오고 있을까요

 아이가 봄처럼 오면 좋겠습니다

폭죽

 보도블록 틈새가 어둠을 물고 있었다 추위를 태우는 웅성거림이 공기 속 파장을 일으켰다 고인 물비늘이 파르르 결을 내는 4차선 차도, 터지는 빛이 안구를 감싸며 더 깊은 어둠을 낳았다 시속 100km을 쏘며 달리던 차에 부딪힌 그가 공중으로 높이 날던 짧은 순간

 살얼음 깨지듯 날카로운 소리가 심장을 태우는 듯 들렸다 타닥거리는 소리들이 거침없이 부서지는 허공 핏물이 튀고 있었다 소멸이 환한 꽃을 피우는 시간

 배를 낮게 깔고 고인 빗물 위로 내려앉은 성근 핏물들, 어둠이 검붉은 별자리를 지우자 잠시 과속을 잠재우던 도로가 다시 바퀴들을 굴리기 시작했다

나비극장

긴 창문으로 햇볕이
발목을 덮다 빠져나갈 때면
굳어가는 날개를 파닥이던
나비 그림자
그가 그림자 극장을 닫던 날
몸속으로 날아든 나비들
날아오르지 않았다
영구차 위로 눈이 내린다
상복 입은 아이가 고개를 젖히고
입을 벌린다
혀에 닿는 눈처럼 허탈한 날갯짓
눈은 구름 속에서 부화한
수천의 나비 떼
단칸방에서 중풍과 싸우던 사연이
집을 떠난다
골목을 빠져나가는 체인 자국
침묵이 붉게 번진 눈들이
사진을 좇는다 나비,

나비를 보았다는 사내의 말을
중얼대는 아이
허공에 손을 편다 맴을 도는
흰나비들
펄펄 날리는 국화 꽃잎들 사이로
나비 떼가 사내를 끌고 날아간다

파란(破卵)

    파랑 치마를 입은 여자 산딸기 든 봉투를 내밀며 웃었지 눈가 주름이 닭똥집처럼 오므려졌다 펴졌지 아침부터 부엌문에 기대앉아 술을 마셨지 잔에 닭똥 냄새 묻어났지
    여자는 실금 간 계란을 바구니로 옮기며 계모가 죽었다고 울었지 코끝 미끄덩한 콧물 흘러내렸지 부고장이 들어 있던 봉투에 딸기 물이 번졌지 이슬에 젖은 딸기를 먹으며 보았지 어릴 적 계모에게 찔렸다는 여자의 한쪽 눈, 눈에서 굵은 눈물 떨어졌지 계란의 금 간 자리 매만지며 마치 자신을 보는 것 같다고, 술 따르며 중얼대다 헛웃음 흘렸지
    조팝꽃 흐드러진 길을 지나 산딸기 덤불을 돌아가는 여자, 파랑 물결무늬 치마를 입은 여자의 뒷모습 파란(破卵)처럼 위태로웠지

네 이웃이 잠들지 못하는 밤

이웃사촌들이 밀집된 아파트 사이를 걷는다
스웨터 올 늘어난 사이로 은밀히 다녀가던 숨소리들
소녀의 수줍은 웃음 차갑게 그늘지는데
창문들이 꺼진다

담장 밑 잠들지 못한 억센 손이
소녀의 손목을 낚아채는 달밤
흔들리는 달빛과 십자가는 입을 다무는데

소나기는 내리고 빗줄기에
멍든 꽃잎
찢어지면 어쩌나,
가로등은 젖은 바위처럼 마음 무거운데
저 꽃 옮길 수 없어, 바라만 보는데

거센 빗줄기 사이

빗물을 털고 웃는 닭의장풀 방긋방긋 몸 한 채 흔들린다

사과꽃이 피었습니다

사과나무 그늘이 짙어졌다
사과 그림을 오려 벽마다 붙여놓고
따먹는 흉내 내던
사내아이, 손잡고 걷던 생각이 났다

엄마는 아이를 낳다 사과 그늘 속으로
들어간 뒤
혼자 밥 먹는 것을 진저리 치던 아이
엄마 따라 사과나무 밭으로 달려갔다

아이는 죽어서도 무럭무럭 자랐다
꽃에서 향이 나기 시작했다
나뭇가지마다 거미줄을 걷어내는
허전한 손
잡히지 않는, 아이 손을 잡고 오는 길

사과꽃이 피었습니다
사과꽃이 피었습니다

아이 노랫소리가 울타리 친 사과밭

사과꽃 향에 홀린 정신 또렷해질수록
종아리에 감기는 거미줄
질기고 탄력 있는 거미줄
두 손으로 잡아끊지 못하는 슬픔이
발목을 잡는 날이었다

고도의 무늬

 이곳은 수시로 무늬를 바꾸는 위험한 길 모래사막에서는 이기는 쪽이 카지노라던 그녀의 말을 놓지 말아야 했다

 표지를 재촉하는 손가락들이 낙타를 찌르고 멀어진다 읽히지 않는 별자리들, 광야를 헛돌고 있다는 불안으로 별자리를 옮겨보는데

 모래바람 속에서 고도를 잃지 않는 낙타의 눈을 본다 총소리를 견디는 능선 위로 태양이 지고 난 뒤 오 분, 사위가 청잣빛으로 저문

 빵과 서커스만을 외치던 손가락들이 또다시 낙타를 스치며 멀어진다

 표지는 희미해지고 뜨거운 감옥이 되는 사막 어둠 속에서도 나를 읽어낼 수 있을 거라 믿었다 그러나 너무 짙어져 두려운

밤과 낮 기온처럼 후회가 파고드는 밤, 충동에 굴복하고 싶은 날이다 죽고 싶은 이유를 버리고 상상하는 그녀의 품

선택을 취미처럼 하지 말라던 그녀를 놓지 말아야 했다

살모사와 국화꽃

 흙내가 은근한 국화꽃 마당, 할머니가 백 년 동안 약탕기에 불을 지피고 있다 할머니 치마폭이 바닥을 스칠 때마다 쉬익! 뱀 기어가는 소리 할머니의 부채 끝에서 연기가 피어오른다

 뿌연 국물을 마시면 구불구불 기어가는 뱀, 잠 속 휘젓고 다니며 피리를 분다 열 손가락으로 피리 구멍을 막는다 막을수록 몸에 구멍 뚫리며 기어 나오는 살모사들 국화꽃으로 뱀을 쫓으며 할머니를 찾던 축축한 목소리

 이불 위에서 내젓는 손, 한 움큼 잡히는 국화 향이 뱀을 몰아낸다

 머리맡 뱀 고던 약탕기에 노란 국화가 꽂혀 있다 꽃잎을 뜯자 흙냄새 향긋하다 할머니는 뱀을 잡으러 집을 떠나고 노란 꽃그늘에 똬리 틀고 앉아 목을 빳빳이 세운 살모사, 서늘한 눈에 갇혀 지낸 계절이 생생하다

푸른 염소의 방

꽃대를 불에 달군다
가스레인지에 타닥타닥 튀는 불꽃
생살 타는 냄새 난다
뜨거울수록 안으로 제 속을 감추는
노란 꽃봉오리
나를 키우느라 참던 어머니 신음 같아

자신의 명치를 치받던 새끼 염소
여린 뿔 꺾일까
밤마다 어루만지는 손길 따라가면
명치끝 적취(積聚)를 쓸어내리던 누런 얼굴

꽃병에 설탕물을 붓는다
흰 도자기 화병에 노란 장미를 꽂는다

식탁 위 어머니가 아프게 웃고 계신다

가훈

 아버지는 방에서 나오지 않았다 방 안에 자신을 가둔 채 웅크리고 있었다 부리가 굽어 가슴을 파고들자 눈에서 내뿜던 안광이 빛을 잃어가던 아버지 꿈에서도 묏자리를 찾아 암벽을 오르내렸다
 바위에 부리를 찧으며 으깬 신음이 집안을 뒤흔들었다 단단한 부리로 발톱을 뽑고 제의를 치르듯 깃털을 뽑는 가파른 밤 석양이 물든 창틈으로 흥건한 콧노래가 들렸다
 평생 청소부로 살아온 아버지가 옷을 갈아입는 일은 계절을 건너 건너 오래 걸렸다

 방문을 열고 나온 아버지, 야윈 얼굴은 안도감이 주름져 있었다 은은한 박하 향 풍기며 거울을 보는 빛나는 눈 그는 윤기 나는 형광색 깃털을 쓰다듬으며 날개를 펴고 날아올랐다 또다시 일터를 향해 새벽 문을 나서는 아버지

 방문을 열자 아버지가 벗어놓은 깃털들 수북했다
 반듯하게 걸린 액자 속, 붉은 글씨가 빛을 내뿜고 있었다

달이 뜨고 지지 않았다

물 끓어 넘치듯 울먹이는
어머니
당신을 피워내던 시절이 붉어
뱃속에는 숯이 가득하다
온기 남은 불씨를 뒤적이자
벚꽃이 떨어진다
발등에 밤나비로 내려앉는 꽃잎들
흰 머리칼 쓸어 올리며
짓는 엷은 웃음 금세 어두워진다
달빛에 젖은 웃음이
내게 고이는 봄밤
그동안 당신에게 멋대로 차가웠던
손을 숨긴다 물 끓어 넘치듯
후회가 발등을 적신다

4부

당신의 누군가가 아니라서

당신을 만지고 싶은 낮입니다

 정맥으로 흘러드는 당신을 따라 걷습니다 짓무른 발가락이 사라지기 시작합니다

 당신을 삼킨 꽃들이 피어 있는 바다, 당신을 내 무덤에 가둡니다 불안한

 낮입니다

 밤이 오면 하프의 선율이 당신 이름을 훔치기 전, 속옷에 사향을 숨긴 내가 총을 겨눕니다 달궈진 비명이 당신 등에 박힙니다 총알이 관통한 심장 속으로 무너진 길이 보입니다

 오늘은 내가 당신 몸속으로 침범합니다 체온이 따뜻해지는 한낮입니다

첫,

 풋사과를 야금야금 먹으면 입안에서 새들 노래와 들꽃과 해변이 펼쳐지던 풋사과는
 달콤한 지옥이야, 언니들이 경계하며 나방처럼 날아들던

 언니들의 해변과 꽃과 노래는 어디로 갔을까
 풋사과에 새겨진 맛의 무늬를 읽는 노을 속

 구름이 사과밭을 지나갔을 뿐인데 사과밭에 장미가 피다 졌을 뿐인데 풋사과 맛은 어디로 사라졌을까

 설레는 독이야,
 딸 수 없는 사과는 머리칼을 물들이던 떨림의 맛 지금은 범할 수 없는 천상의 맛

 봄이 와도 풋사과는 없지 웨딩반지를 끼웠다 빼는 일을 반복하는 동안 새콤달콤한 울음이 늙어버린 사과밭

 사랑의 방식을 그리워하는 사과 향 그늘에서

풋사과를 사각사각 베어 물면 입안에 달콤하게 퍼지는
아니, 주름진 얼굴을 붉히는 쓸쓸한 그 맛

길을 잃었습니까

술래를 외치며 걷는 길, 너로 인해 내 생은 동굴이다

길이 뒤틀린 암전 속 이름을 태운다 불길이 너에게로 이어지는 곳

배경은 박탈감이다

너의 지문으로 덮인 내 몸은 얼룩말처럼 무늬를 바꿀 수 없는데 너와 엇갈린 길에서

관능의 집에 갇힌 쓸쓸한 밤

불길을 끌어안고 춤추는 이 순간도 너는 내 몸에 새겨진 붉은 벽화

항복에 길들여진 손으로 몸을 쓸어내린다 네 손길이 멈춘 내 생은 부록과 같아

몸에 너를 새기며 걷는 길, 박쥐들의 울음은 위험한데
이 순간도 울음을 키우는 나는

 너의 이름에 갇힌 영원한 술래

사크로몬테[*]

   선인장 그늘에 앉아 아랍 남자를 기다린다
   지중해를 덮던 바람이 불고 다로강[**]이 그려진 엽서를 꺼내 이별을 아랍어로 옮긴다

   목덜미가 해진 빨간 티셔츠의 집시 아이가 방긋 웃으며 손을 흔든다 "올라!"[***]
   집시 여자 종려나무 잎사귀를 흔들며, "올라!" 사라진다
"올라! 올라!"가 사라진 골목

   알람브라를 향해 손을 흔든다
"올라!"

   궁전 탑 허공에 갇힌 깃발이 흔들린다

*

   골목으로 사라진 집시 아이와 여자와 고양이가 돌아오는 오후 알람브라 궁전으로 간 남자는 소식이 없다 며칠째,

올라!에 갇혀 주저앉은 사크로몬테의 집시촌
엽서에 이별을 지운다 햇빛 달궈진 돌을 그리고 자화상이라 쓴다

아랍 사내도 집시도 고양이도 따라가지 못한 채 붉은 오후에 갇힌

올라! 올라!
울부짖고 싶은 불타는 돌!

나는
나를 옮기지 못한다

---

*   스페인 그라나다의 집시촌.
**   알람브라와 사크라몬테 사이의 강.
*** 만날 때 나누는 인사, 안녕!

엄지 젖꼭지가 따뜻하다

엄마는 봄을 낳고 떠난 뒤
어린 아이 엄지를 빨며 엄마를 부른다 꽃씨들 목젖을 타고 올라와 꽃을 피운다

웅크리고 앉아 엄지손가락 빨던 아이, 툭 불거진 엄지가 산모 젖꼭지 같던
사람들 불빛 속으로 들어간 뒤, 엄마 엄마 논두렁 밭두렁에 울긋불긋 피던 울음소리, 밤이슬 맞으며 잦아들던

무너질 듯 맑은 목소리, 울 수 있는 폭포는 얼마나 시원한가

울음으로 소리를 배운 아이가 조명 속으로 어두워지는 동안 목젖을 타고 가라앉는 꽃씨들의

울음 여무는 소리, 엄마! 발성 없이 불러보는
박수 소리가 홀을 밝히는 객석에 앉아 엄지손가락을 빤다 아린 젖꼭지가 따뜻하다

낮을 읽는 밤

당신은 바다로 나는 도시로 갑니다
당신은 버스를 나는 지하철을 탑니다

당신을 건너기 위해 백 년을 걸었는데
등이 맞닿아 있는 이유는 무엇입니까

나는 당신 이름으로 당신은 내 이름으로
아름다운 무덤을 파는 날들

숨 쉬는 이름 하나쯤
품고 살지 않는 사람이 어디 있겠습니까

낮달에 담긴 당신을 읽는 밤
당신의 뒷모습을 본 지 백 년이 지났습니다

하루살이

창가에 망설이고 있었지요
눈 한번 마주치고픈 애절함
종일 곁을 맴돌았지요

석양에 물든 마음
받아 달라
어둠이 날개에 젖어와
마지막이라 몸부림쳤지요

창문 굳게 닫아둔 당신

죽도록 사랑한 마음 비우고
떠나라
현관 앞 풍경만 요란했지요

튤립을 외면하고

우리, 이 계절만 함께 놀아요
구체적으로 알아가기 위해
꽃잎을 뒤집어보지 말아요
꽃술을 세지 말아요
다음 계절과 무관할 꽃말들은
의미 없으니
미래를 약속한 당신이
타인이 되고
또 다른 타인이 당신이 되는
우리 튤립의 시간이 끝나면
가뿐하게 등 돌리는 사이
서로 튤립 잔 내려놓고
살짝 입술만 스친 사이처럼 웃어요

이별이랄 것도 없다는
속된 말처럼
우리는 이렇게 서로를 외면하고

레몬은 시지 않다

키스할 수 있다면 누구라도 좋아
허리와 목을 감고 이마와 코를 비비는
숨 멎는 키스

    "키스를 빌릴 수 있을까요?"

카페나 거리에서 즐기는 키스는
레몬 맛이 나지
방금 사랑에 빠진 연인처럼
빌려온 욕망을 내 것처럼 만끽해 봐
누구든 키스는 필요하니까

    당신의 누군가가 아니라서
    더 달콤한
    키우는 것은 쉬워도
    억누르는 것은 어려운 레몬

욕망을 앞세운 채

휘발되는 진심을 주고받는 건 어때?
레몬 향이 사라지기 전에

망설이지 마.

      입술을 떼는 순간 어차피 남인 걸.
      뭐 어때!

사랑

와인을 품고
숙성을 기다리는 설렘처럼
향을 가둘 수 있다면

우주를 관통하는 꽃 앞에서
우리 환하게 피지 말자

폭락 같은
절정,
그 벼랑에 결코 가 닿지 말자

제비원 휴게소

차 한 잔 좋겠지요
훗날 잊혀질
애인을 만나면 더욱 좋겠지요
후진보다 직진에 길들여진
당신의 태엽
상행선과 하행선이 만나는
어느 낯선 국도 한 지점에서
누군가를 만난다면
갓 핀 칸나가 떠오를 거예요
마음 출렁일 거예요
속도를 감으며 달리다
과열된 엔진을 식히는 휴게소
어쩌다 잊히지 않을
애인을 만나면 더욱 좋겠지요
차 한 잔 좋겠지요

살구꽃 우물

여우고개 중턱 우물 하나 있지요
구름이 차양을 치며 지나가고 별이 제 뿌리를 낮춰 들여다보던

돌로 쌓은 둥근 우물

까만 눈 글썽이며 빛났지요 우물에 얼굴을 비추며 늙어가던 사람들 지금은 사라졌지요 양은 대야에 물을 담아 손 씻어주던 그 사람 생각났지요

찰박찰박 손 적시던 물소리에 섞여 궁핍해서 미안해요, 가늘게 떨리던 말 우물에 비친 살구꽃 봉오리 활짝 피어났지요

쓰러져가는 집 우물가 서성이다 버려진 양은 대야를 씻었지요 긴 세월 두텁게 쌓인 살구꽃잎 걷어내는 것 같았지요 가던 길 잠시 미뤄두고 윤이 나는 대야에 맑은 목소리 채운 날

빈집 품에 안겨 오래도록 손 씻었지요

오만 볼트의 불안

닥나무 종이와 플라타너스 잎과 흰 벽은 손 닿는 곳마다 놓였는데 정작 어처구니가 없어졌다 가방과 주머니 수첩과 머릿속을 뒤져도 찾을 수 없다 허구한 날 그 자리에 있을 거라 믿던 어처구니를 잃고 별과 바람과 사랑을 낱낱이 고르던 손가락들이 불안을 노래하는 해 질 녘 예고 없이 찾아온

오만 볼트의 불안,

부어오른 손 상처에 입을 맞춘다 맷돌을 돌리며 부르던 분홍 낭만이 사라진 자리, 연적의 웃음 나풀나풀 날며 근심을 조롱하는데
  한 소절을 위해 먹을 가는 쓸쓸함
  네가 없는 나는 돌에 지나지 않는다 백지로 앉아 불러보는 어처구니, 너로 인해 나는 지금 여백이다

  다정히 너를 쥐고 긋던 둥근 원 안에서 신이 깃든 우리의 떨림이 말라 가는 동안

불러본다 불안과 연민을 담아, 연금술로 빛나는 어처구니 너를 잃은 지금 나는 공백이다

오후의 애인

감자가 놓인 테이블 위로
밀랍 촛농이 떨어지는 저녁

궁핍해서 미안하다는
살구꽃 옛말 쌓인다

살구꽃 지자 사라진 밥상처럼
감자가 식으면 지워질 식탁 앞
분자나무로 깎아 놓은 젓가락을
손님이 와 입에 문다는
시 한 편 촛불에 타고 있다

당신은 손님입니까
정인입니까

둥근 식탁을 사이에 두고
꽃 피울 이름 불러보는데
생의 가장 행복한 순간이

지금이라면
품속의 수저 한 벌 꺼내고 싶은
봄밤, 꽃잎 쌓이듯
망설임만
쌓이는

의자의 계절

낙엽 쓸리는 소리
가죽에 칼 가는 소리 같습니다
어서 마음 줄 자르라 벼리는 듯 아픕니다
보내지 못한 서성이는 소리
쓸어 모아 불을 놓습니다
활활 타오르지 못하는 불길이 나를 태웁니다

    바람이 없는데 낙엽이 흔들립니다
    바람이 없는데 파도가 밀려옵니다

깊이 빠져들수록 안전하다고 믿던
의자가 사라진 뒤

가을 숲에 들어 의자를 찾습니다
참을 수 없는 것을 참는 것이
인내라며, 의자를 내어주는 숲에서
거미줄에 마음을 베입니다

꽃이 피려면 시간이 걸리겠지요
붉은 낙엽들이 파연곡을 연주하는 계절입니다

| 해설 |

꽃과 나비의 춤,
또는 집시의 노래

김진수(문학평론가)

1.

'집시(Gypsy)'[1] 이미지가 유난히 도드라져 보인다. 2010년 등단 이후 만 14년 만에 선보이는 이은화의 첫 시집 『타인과 마리오네트 사이』는 '집시의 노래'라고 불러도 과하지 않을 성싶다. 과거로의 추억 여행을 포함한다면, 사실상 『타인과 마리오네트 사이』는 유랑과 방랑과 여행의 시집이긴 하다. 애초에는 인도-아리아인의 '유랑민'을 일컫던 이 용어[2]는 우리에게 곧장 '보헤미안(Bohemian)'[3]이나

---

[1] 그 어원이 '이집트인'을 의미하는 이 용어를 정작 집시 자신들은 인종차별적인 의미로 받아들여 아주 싫어한다고 한다. 그것은 혹은 코카서스 인종에 속하는 소수 유랑 민족을 의미한다.
[2] 14-5세기경 인도에서 나와 유럽으로 이주하여 각지에 흩어져 살던 유랑 민족으로서, 인도-유럽어인 독일어에서는 '찌고이네르(Zigeuner)'로 명명된다.
[3] 체코 서부의 한 지방인 보헤미아의 사람들은 정작 집시처럼 유랑하지 않는데, 집시들을 이들과 혼동한 프랑스인들의 착각에 의해 만들어진 용어라고 한다.

'노마드(Nomade)'[4]라는 단어를 함께 떠올리게 한다.[5] '빨 강'이나 '피' 또는 '튤립'이나 '칸나'로 상징되는 시집의 열정적이고도 활력적인 전체적 분위기는, 물론 '자유로운 집시 여인'이라는 현대적인 감각과 관능의 이미지의 산물일 테다. 시인은 집시의 춤 플라멩코를 아래의 시에서와 같이 고통의 춤과 슬픔의 노래로 듣는다. 그러니, "집시 여자 종려나무 잎사귀"(「사크로몬테」)라는 이미지가 단순히 시인의 이국적인 취향 때문에 시집 속에 들어와 있는 것이 아니라는 사실은 분명하다. 물론 이외에도 선인장, 아랍 남자, 레게 머리, 은발, 기린, 흰 피부에 금빛 머리칼을 가진 한나, 베이직, 라틴 음악 등의 이미지가 갖는 이국적인 풍경과 색채가 범람하긴 하지만 말이다.

깐테 혼도

---

[4] 들뢰즈(G. Deleuze)에 의해 철학적 의미를 부여받은 용어로, 사전적으로는 특정한 가치나 삶의 방식에 얽매이지 않고 끊임없이 자기 자신을 바꾸어나가며 창조적으로 사는 인간형을 의미한다. 유목민이나 방랑자라는 뜻을 갖는다.

[5] 위고(V. Hugo)의 소설 『노트르담 드 파리』의 '에스메랄다'나 유고슬라비아 사라예보 출신의 감독 에밀 쿠스트리차(Emir Kusturica)의 〈집시의 시간(Time of the Gypsies)〉의 생활상을 떠올리면 된다. 이들이 유랑민이어서 자유분방하게 살 것 같지만, 실상은 전통적인 가부장적 풍습의 흔적을 간직하면서 보수적인 면모를 보이는 경우가 많다. 이들은 역사의 오랜 기간 차별과 학대를 견뎌 왔는데, 대표적으로는 나치 독일의 '홀로코스트' 대상으로 유대인, 슬라브인, 동성애자와 더불어 목록에 올라 있었다는 사실이 그 단적인 예가 될 것이다. 그래서 '집시'라는 말은 또한 오랜 고통과 슬픔의 대명사가 되기도 할 것이다. 인도와 중동과 유럽의 문화들이 혼융된, 경쾌한 2/4박자로 된 집시의 춤과 노래와 연극은 이 오랜 고통과 슬픔의 표현으로 다가온다.

올레

  빨간 치맛자락 펄럭 접히는 소리 깐테 혼도! 무희의 박수 소리에 맞춰 안개를 들이마시며 올레를 외친다 올레! 올레! 춤추다 혼절하는 바다 갑판 불빛들은 안개를 태우지 못한다

  눈빛들이 손금을 의심하는 순간 무희가 박자를 놓친다 빨간 회오리 치맛자락 속으로 타들어 가는 경쾌한 구두 소리와 박수 소리

  바다에서 돛도 잃고 닻도 잃은 채 외치는 올레! 올레! 관념어에 매인 나침반 바늘이 태양을 찾아 헛바퀴를 돈다

  올레! 올레!
  사람들이 안개의 맥을 짚는다 물 위를 걷던 베드로가 뒤를 보는 순간 물에 빠졌다는 전언

  깐테의 태양,
  물 위의 플라멩코

-『올레! 올레!』 전문

춤은 격렬하고 노래는 고통스럽다! "빨간 회오리 치맛자

락" 날리며 플라멩코 춤을 추는 무희에게서 춤과 노래는 분리되지 않고 '격렬한 고통'을 낳는다. "빨간 치맛자락 펄럭 접히는 소리"와 '구두 소리와 박수 소리'가 바로 그녀의 노래, 즉 "춤추다 혼절하는" '깐테 혼도'이기 때문이다. 춤과 노래가 일체화된 무희의 격렬한 동작과 더불어 '바다'의 "안개를 들이마시며 올레를 외"치지만, "갑판 불빛들은 안개를 태우지 못한다". 사실상 그 어떤 불빛도 안개를 태울 수는 없다. 저 '올레'는 "바다에서 돛도 잃고 닻도 잃은 채 외치는" 소리여서 하나의 '관념어'에 불과할 뿐이기 때문이다. 그렇기에 그 "관념어에 매인 나침반 바늘이 태양을 찾아 헛바퀴를 돈다". 그러니 춤은 한층 더 격렬해지고 노래는 더욱 심오하고 고통스러워질 뿐이겠다. 춤추다 혼절하는 '깐테 혼도'에 이를 때까지 말이다. 남는 것은 "깐테의 태양/물 위의 플라멩코"일 뿐. 플라멩코는 그렇게 아픔과 슬픔의 표현이 된다. 이러한 격렬한 감정의 표현은, 「당신을 만지고 싶은 낮입니다」에서부터 "당신을 삼킨 꽃들이 피어 있는 바다"라거나 "속옷에 사향을 숨긴 내가 총을 겨눕니다" 혹은 "총알이 관통한 심장" 같은 어사들을 통해 이미 예고되어 있었던 것처럼 보인다.

  전체 4부로 구성되어 있는 『타인과 마리오네트 사이』는 내게 '집시의 춤과 노래'라는 환유를 통해 타자와 일치를 이룰 수 없는 슬픔을, 곧 이룰 수 없는 사랑의 상처와 고통을 노래하고 있는 시집으로 다가온다. 그렇기에 시집의 도처에서 "유리가 몸 밖으로 아프게 돌아난다". 거기에서 '혼절'에 이를 듯한 아픔과 슬픔은, 태양처럼 격렬하게 타오르는 듯한 사랑과 "총알이 관통한 심장"이라는 죽음 같은 이별이 불러온 고통의 상처들이겠다. 그래서 『타인과 마리오네트 사이』가 '연시'나 '이별시'의 형식을 갖는 것은 당연한 결과로 보인다. 우리의 사이는, "미래를 약속한 당신이/타인이 되고/또 다른 타인이 당신이 되는/우리"(「튤립을 외면하고」)의 관계는 아프고 슬프다. 합치될 수 없는 타자와의 관계는 절망과 절규를 불러올 뿐이다. 그 절망과 절규가 바로 '집시의 노래'이자 '깐테 혼도'일 것이다.

2.

우선, 『타인과 마리오네트 사이』가 지닌 강렬한 에로티즘의 색채로부터 시작하기로 하자. "오늘은 내가 당신 몸속으로 침범합니다. 체온이 따뜻해지는 한낮입니다"(「당신을 만지고 싶은 낮입니다」)라거나 "관능의 집에 갇힌 쓸쓸한 밤"이나 "너는 내 몸에 새겨진 붉은 벽화", 혹은 "네 손길이 멈춘 내 생은 부록과 같아"라거나 "몸에 너를 새기며 걷는 길"(「길을 잃었습니까」) 같은 구절에서 드러나는 이미지들이 그렇다. 이외에도 "낯달에 담긴 당신을 읽는 밤"(「낮을 읽는 밤」)이나 "설레는 독" "달콤한 지옥"(「첫,」), "아린 젖꼭지가 따뜻하다"(「엄지 젖꼭지가 따뜻하다」) 같은 이미지들은 여지없이 에로티즘의 색채를 강렬하게 드러내고 있다.

그러나 시집의 또 다른 한편에는 소외나 빈곤 혹은 상실 등으로 인한 '추방당한 삶'의 이미지들이 편재한다는 사실을 간과할 수는 없다. 가령, "우리도 버릴 쓰레기가 있을까, 동생이 곰팡이 털어낸 빵을 삼키며 묻습니다 버릴 수 있는 것은 가족과 자신뿐이라는 차가운 말 목에 걸립니다"(「기린의 식사법」)라거나 "빛 속에 갇혀 타인의 춤을 추는 우리" "당신은 누구의 마리오네트입니까"(「타인과 마리오네트 사이」) 같은 구절들, 또는 "아름다운 것들은 쉽게 사라져/짧은 키스처럼" "혼자 먹는 밥은/식탁에 대한 예의가 아니거든"(「Anne, 홀로 쓸쓸할 때」), "울부짖고 싶은 불타는 돌!" "나는/나를 옮기지 못한다"(「사크로몬테」) 같은 시구들, "울 수 있는 폭포는 얼마나 시원한가"(「엄지 젖꼭지가 따뜻하다」), "숨 쉰다는 건 국경을 넘는 것"(「한나」) 같은 표현들에서 보이는 이미지들이 그럴 것이다. 에로티즘의 관능과, 빈곤과 소외와 상실로 인한 고통과 슬픔의 거리는 아마도 멀 것이다. 그 먼 거리를 헤아리면서 관능과 슬픔의 관계를 추적하는 것도 이 글의 한 과제가 되어야 할 이유이다.

닥나무 종이와 플라타너스 잎과 흰 벽은 손닿는 곳마다 놓였는데 정작 어처구니가 없어졌다 가방과 주머니 수첩과 머릿속을 뒤져도 찾을 수 없다 허구한 날 그 자리에 있을 거라 믿던 어처구니를 잃고 별과 바람과 사랑을 낱낱이 고

르던 손가락들이 불안을 노래하는 해 질 녘 예고 없이 찾아
온

  오만 볼트의 불안,

  부어오른 손 상처에 입을 맞춘다 맷돌을 돌리며 부르던
분홍 낭만이 사라진 자리, 연적의 웃음 나풀나풀 날며 근
심을 조롱하는데
  한 소절을 위해 먹을 가는 쓸쓸함,
  네가 없는 나는 돌에 지나지 않는다 백지로 앉아 불러보
는 어처구니, 너로 인해 나는 지금 여백이다

  다정히 너를 쥐고 긋던 둥근 원 안에서 신이 깃든 우리의
떨림이 말라 가는 동안
  불러본다 불안과 연민을 담아, 연금술로 빛나는 어처구
니 너를 잃은 지금 나는 공백이다
─「오만 볼트의 불안」 전문

시집은 이제 "네가 없는 나는 돌에 지나지 않는다"거
나 "너로 인해 나는 지금 여백"이라거나 "너를 잃은 지금
나는 공백"이라며, '너/당신'의 부재로 인한 삶의 쓸쓸함
과 무망함을 토로하고 있는 것처럼 보인다. "달콤한 지옥"
과 "천상의 맛"(「첫,」)의 계절은 이미 과거의 시간이 되었

다. "소나기는 내리고 빗줄기에/멍든 꽃잎/찢어지면 어쩌나"(「네 이웃이 잠들지 못하는 밤」) 안타까워했지만, "우물에 얼굴을 비추며" "까만 눈 글썽이며 빛났(「살구꽃 우물」)던 시절은 이제 되돌릴 수 없게 되었다. 『타인과 마리오네트 사이』의 이 같은 매혹과 상실의 경험은 "구멍에 손을 넣다 땅속으로 끌려들어 갔지 뱀에 홀렸을까 딸기에 홀렸을까"(「뱀딸기」) 같은 구절 등에서도 자주 반복되고 있는 터이다. "딸기꽃을 물고 가는 뱀이 고와서 두 뺨이 붉게 물들"며 "서로의 꼬리를 물고 바닥에 둥근 원을 비비는, 먹고 먹히는 경계가 춤이 되고 꽃이 되어 잦아들"(「뱀딸기」)던 시절은 마침내 흔적으로만 남게 될 것이다. "당신을 내 무덤에 가둡니다"라거나 "오늘은 내가 당신 몸속으로 침범합니다"(「당신을 만지고 싶은 낮입니다」) 같은 표현들에서 단적으로 드러나는 관능과 탐미적 색채는 모두 이 같은 지난 사랑의 흔적이 그려낸 무늬들일 것이다.

'집시의 노래'로서의 『타인과 마리오네트 사이』는 동시에 "나는 누구입니까"(「발굴하다」)라는 존재론적 물음 위에 구축된 아름답고도 슬픈 서정의 가락과 격렬하고도 현란한 욕망의 춤이 협연하는 공연장이 된다. 그러나 '나는 누구입니까'라는 질문은 '당신은 누구입니까'라는 질문과 분리될 수 없다. 경계가 없는 제한과 규정은 없기 때문이다. 중요한 것은, '나'는 '너'로 인해 '너'와 더불어 존재한다는 사실이다. 자아를 규정하기 위해서는 먼저 타자를 인식할 수

밖에 없다. 그런데 이 타자 역시 자아 속에 이미 들어와 있었다면, 즉 자아의 일부라면 문제가 그리 간단치 않을 듯하다. 물론 역으로 말할 수도 있겠다. 자아는 타자에 의존해 있고, 또한 스스로에게 타자일 수도 있다고 말이다. 그렇기에 '나는 누구입니까'라는 질문은 단순 명확한 답변을 허락하지 않는다. '나'와 '너'의 경계를 한정하기가 쉽지 않은 까닭이다. 시집에서 저 존재론적 탐색의 과정은 "너로 인해 내 생은 동굴"이 되어버린 공간적 제약과 "관능의 집에 갇힌 쓸쓸한 밤"(「길을 잃었습니까」)이 된 시간적 조건을 통과해야만 할 과업을 수반하게 된다. 그것은, 아래의 시가 노래하고 있는 바와 같이, "독자가 오직 자신뿐인 책을 계속 찍어대는" 일과 마찬가지로 외롭고 힘든 작업이 될 것이다.

무궁화호가 숨을 덜컹거리며 달린다

에어팟을 끼고 앉아 물끄러미
창밖을 보는 여자

떠나지 못해 고정된 얼굴
여자의 조판(組版)이 유리창에 뜬다

브레이크 고장 난 선로 위

레일 위를 달리는 경적과 울음

이렇게 뜨거운 인쇄소 어디 있겠는가

유리 한 장에 현상되는 이름의 내력
칸마다 같은 얼굴만 찍히는
이런 원고지 칸이 어디 있겠는가

어둠과 밝음이 경계를 넘나드는 화면
숨을 덜컹거리며 마음을 찍어대는
유리 인쇄기 한 장

굴러가는 바퀴
불꽃 튀기며 순간이 용접되는 길
독자가 오직
자신뿐인 책을 끊임없이 찍어대는

－「무궁화 인쇄소」 전문

"떠나지 못해 고정된 얼굴"을 하고 "독자가 오직/자신뿐인 책을 끊임없이 찍어대는" 이 마법의 공간을 시인은 또 다른 시에서 "이곳은 불빛이 꺼지지 않는 회색 방"(「히죽히죽」)이라고 명명한 듯하다. 아마도 이 '회색 방'은 저 동화 속의 '얼음공주'처럼 마법으로 동결된 시인의 자아가 똬리 틀고 있는 공간일 터이다. 그곳은 "마술의 춤, 쉼 없는 고행의 춤 멎는 순간 거울이 어두워지는 음악이 꺼지고 길이 사라지는" 공간이고, "나를 환원하는 축제의 연속"(「베이직」)이 이루어지는 장소이다. 어쩌면 시집에서는 시인의 또 다른 자아로 보이는 집시의 춤과 노래, 즉 '깐테 혼도'가 발화되는 곳이리라. 시인은 "이곳은 수시로 무늬를 바꾸는 위험한 길"과 "읽히지 않는 별자리들"이 있는, "표지는 희미해지고 뜨거운 감옥이 되는 사막"(「고도의 무늬」)이라고 적었다. 이 '감옥 사막'에서 시인은 "절벽 타고 올라가/시퍼런 달의 서슬에 목을 베이고 싶다"(「유리달」)고도 토로한다[6]. 『타인과 마리오네트 사이』는 "턴, 턴, 턴 아닌 삶이 어디 있겠어요"(「베이직」)라며, 끊임없이 자아 속으로 환원되는 이 마법 같은 축제의 한 양상을 보고했다. 그러나 그 축제의 시간은 "생의 경계를 넘지 않으려 뛰면 뛸수록/빛을 가둔 문들이 겹겹이 닫히는 아침"(「오렌지 비타민」)의 시간이 될 뿐이다.

3.

처절한 자기부정과 또한 힘겹게 도달한 자기긍정 이후

---

[6] 독자로서의 내게는, 철인 플라톤이 '10번째 뮤즈'로 명명했던, 고대 그리스의 서정시인 사포(Sappho)의 이미지가 떠오른다. 아프로디테와 에로스를 숭배해 진솔한 사랑의 감정을 스스럼없이 표출했던 그녀의 열정적인 노래와 더불어, 레프카다(Lefkada) 절벽에서 몸을 던졌다는 신화적인 죽음의 행적이 연상되기 때문이다.

에야 비로소 부재하는 너/당신과의 진정한 만남이 가능하게 될 것임에는 의심의 여지가 없다. 아마도 '나'라는 가면을 쓰고 있는 '자아'의 밑바닥 깊은 심연에서의 진정한 '자신'과의 대면이, 또한 '너'라고 지칭되는 낯선 '당신'과의 올곧은 만남이 성취될 수 있을 때 저 시의 '한 소절'은 마침내 '시'로서 완성될 것이다. 물론, 시의 완성은 무한히 유예되어 있는 불가능한 미래의 사건에 속한다. 부재하는 너/당신과의 진정한 만남의 성취는, 독자로서의 내게는, 거의 불가능한 일인 것처럼 보이기 때문이다. 시인 역시 "아름다운 것들은 쉽게 사라져/키스처럼"(「Anne, 홀로 쓸쓸할 때」)이라고 고백했다. 어쩌면 또 다른 시에서 시인이 노래하고 있는 것처럼, "우리라고 믿던 이들은 여러 얼굴을 가진" 개인일 뿐이어서 "함께 걸었으나 혼자 남은 안개숲"(「국수(掬水)」) 속을 끊임없이 배회할 뿐일지도 모른다. 방금 인용한 「국수(掬水)」라는 제목을 갖은 시가 표현하고 있는 그대로, 너/당신과 나/자아와의 올곧은 만남은 '움켜쥐려던 물'과 같은 것처럼 보인다. "후진보다 직진에 길들여진/당신의 태엽"(「제비원 휴게소」)과 "생의 경계를 넘지 않으려"(「오렌지 비타민」)는 자아의 관성으로 인해 '너'는 오로지 '나'를 스쳐 지나가나 관통할 뿐이다. "누군가의 숨을 태우지 않으면 내 숨이 타야 한다"(「돼지 케이크」)는 이 엄혹한 삶의 정언명령 속에는 오로지 직진하는 태엽의 시간만이 존재하기 때문이다. 이 세계 속에서 너와 나는, 타자의 생명이 내 목숨의 거름이 되는, 참혹하지만 피할 수 없는 삶을 꾸릴 수 있을 뿐이다.

"우리는 롤러코스터를 탄다/필연과 우연을 비추는 인다라망 위/파도의 리듬을 타고/세상으로 세상으로 거침없이 달린다"(「수미산 똥바다」). 그렇기에 "정맥 속으로 흘러드는 당신"을 통해서는 오직 "총알이 관통한 심장 속으로 무너진 길이 보"(「당신을 만지고 싶은 낮입니다」)일 뿐이다. 「달은 어떻게 죽는가」라는 시는 이 같은 사태를 "비문 없는 달들의 공동묘지"라고 노래했다. 그러니, 이 자아는 마침내 "달렸으나 잡히지 않은 상상의 토끼 속도를 놓치자 느린 걸음이 그리워지는/울음 끝"(「토끼와 거북이의 거북이」)에 도달할 터이다.

완결된 한 권의 시집으로서 『타인과 마리오네트 사이』는 분명 저 불가능한 성취에 대한 열망과 그 궤적의 자취를 증거하고 있다. 그리고 언제나 그렇듯이 시는 이 불가능한 싸움의 흔적에 지나지 않지만, 그럼에도 이 불가능한 싸움만이 또한 시의 자기존재 증명을 가능케 할 것이다. 시는 언제나 이러한 아이러니와 역설 속에 존재한다. 『타인과 마리오네트 사이』 역시 순수 서정을 지향하지만, 그것은 다만 이 불가능한 성취에 대한 갈망의 노래와 몸짓/춤의 흔적으로만 남는다. 하지만 이 흔적의 기록 속에서 한낱 여백이나 공백에 지나지 않는 '나'와 부재하는 '너'의 얼굴이, 그리고 어쩌면 '우리' 관계의 진정한 면모가 순간적

이나마 출현했다 사라졌을 수도 있겠다. 그리하여 시집은 '백지'가 된 나/자아와 너/당신의 부재증명(Alibi)에 대한 가슴 아픈 서정의 노래가 된다.

물론, 상실과 이별이 있기 위해서는 먼저 최초의 만남과 대면이 있어야 한다. 『타인과 마리오네트 사이』는 이 만남으로부터 시작되는 삶의 어떤 본질적인 양상을 우화적이거나 설화적이라고 해야 할 하나의 원형적인 이미지로 구축해낸다. 단순히 하나의 사건이나 사태에 불과했던 설화 속의 이야기들은 이 원형적 이미지 속에서 영원히 순환하는 하나의 유일하고도 결정적인 사건이 된다. '유일한 사건'이 됨으로써 너/당신은 이제 "낮달에 담긴 당신을 읽는 밤"(「낮을 읽는 밤」) 속에 영원히 유폐될 것이다. 설화 속에서 구체적인 역사적 시간과 공간이 '괄호 치기'되는 것은 그 이야기가 지닌 원형적 이미지의 보편성 때문이다. 설화는 '단 한 번으로 완성된' 이 보편성을 획득한 대신, 그것의 역사적 개별성과 구체성을 희생해야 한다. 하나의 개별성에서 솟아난 어떤 특수한 사건이나 사태가 원형적 보편성의 지위를 획득함으로써 설화는 그렇게 '모두'의 이야기가 된다. 하나의 이야기(Story)에 불과한 설화(Narrative)가 역사(Geschichte)로부터 분리되는 지점이리라.

『타인과 마리오네트 사이』역시 저 사랑의 추억들로부터 소환된 어떤 특수한 사건과 사태들에서 구체적인 시공을 제거함으로써 그것을 유일한, 그러나 동시에 영원히 반복되는 불가역적인 하나의 설화적 풍경으로 동결시켜 놓는다. 다른 맥락에서이긴 하지만, 시인은 "우리의 식사법은 유통기한을 보지 않는 것이야 숫자를 털어내는 것이지"(「기린의 식사법」)라고 말했다. 숫자를 삭제해 '유통기한을 보지 않는 것', 보다 정확히 말하자면 유통기한을 제거하는 것으로써 설화는 탄생한다. 시집에서 자주 반복되는 고향, 봄, 햇살, 살구꽃, 노랑나비 등의 이미지들은 하나의 설화적 풍경으로 완성되었다. 그렇기에 그로부터 기인하는 기쁨이나 황홀감은 말할 나위도 없이 그리움, 외로움, 상실감, 슬픔의 감정들 또한 그 자체로 영원히 반복되면서 순환하는 자연의 한 과정이 된다. 그리하여 설화적 풍경 속에서 사랑의 기쁨과 상실의 아픔은 분리될 수 없다. 그것들 모두 순환하는 자연의 한 과정이기 때문이다. 이 순환은 물론 세대를 넘어 이어질 것이다. "할머니와 어머니 얼굴에 피던 쓸쓸한 모란을 미소 속에 숨기고 있는 나를 봐 세상은 그려진 얼굴처럼 아름답지 않지"(「미미」)라고 시인은 노래했다. "가위눌림을 견디는 뱃속은/비문 없는 달들의 공동묘지"(「달은 어떻게 죽는가」)라고도 적었다. 울 수조차, 아프다고 말할 수조차 없는 이 울음을 우리는 시인의 '속울음'이라고 해야 하리라. "논두렁 밭두렁에 울긋불긋 피던 울음소리"라거나 "울 수 있는 폭포는 얼마나 시원한가"(「엄지 젖꼭지가 따뜻하다」)라는 표현 속에서 우리가 발견하게 되는 '울음'의 이미지가 바로 그것이다. 시는 표현할 수도, 들을 수도 없는 저 '속울음' 속에서 마침내 침묵의 소리로 가라앉을 것이다.

4.

시집의 4부에 실린 한 시는 풋사과는 "설레는 독이야"라거나 "주름진 얼굴을 붉히는 쓸쓸한 맛"(「첫」)이라고 노래했다. 이어 "지금은 범할 수 없는 천상의 맛"(「첫」)으로 이끌었던 그 사랑은 열렬했던 만큼 치명적인 흔적을 남긴다. 시인은 이 '천상의 맛'이 남긴 상처의 흔적을 "너의 지문으로 덮인 내 몸은 얼룩말처럼 무늬를 바꿀 수 없"다며, 또한 "불길을 끌어안고 춤추는 이 순간도 너는 내 몸에 새겨진 붉은 벽화"(「길을 잃었습니까」)라고 적시한다. 이제 사랑을 상실한 자에게는 "물가에 제 울음 헹구는 붓꽃처럼" "날 선 풀잎이 스친 맨 종아리/빨간 실오라기 감긴다"(「복사뼈에서 물뱀이 미끄러진다」). 사랑의 상실과 너의 부재를 확인했을 때, 시인은 "엽서에 이별을 지운다 햇빛 달궈진 돌을 그리고 자화상이라 쓴다"(「사크로몬테」)고 적었다. 저 사랑의 결말은 이제 시인의 초상을 '햇빛 달궈진 돌'의 이미지로 바꿔놓는다. 그러나 하나의 사랑이 끝났다고 삶이 끝난 것은 아니다. 남는 것은, 이별의 슬픔과 상처의 아픔과 후회나 미련, 미움과 그리움 등의 감정적 잔존물이다. 시인의 자아는 이제 그 혹독한 대가를 치러내야만 하는 것이다. 자아는 "어서 마음 줄 자르라 벼리는 듯" 하지만 얼었던 흙이 풀리고 새로운 "꽃이 피려면 시간이 걸리"는 법이어서 지금은 다만 "붉은 낙엽들이 파연곡을 연주하는 계절"(「의자의 계절」)에 불과할 뿐이다. 이 위태로운 상황을 시인은 또한 "조팝꽃이 흐드러진 길을 지나 산딸기 덤불을 돌아가는 여자, 파랑 물결무늬 치마를 입은 여자의 뒷모습 피란(破卵)처럼 위태로웠"(「파란(破卵)」)다고 전하기도 한다.

  슬픔이 겹겹이 쌓인 채 밖으로 향하는 통로를 잃으면 아마도 불안이나 우울로 진화하는 것 같다. 그러나 시인은 "불안을 빼앗지 마라/나는 우울 안에서 안전하다"거나 "우울은 또 다른 욕망의 이름/거세된 욕망이 날개를 펴고/날아오를지도 몰라"(「우울의 온실」)라며 스스로를 다독인다. 그러나 그것은 다독인다고 수그러들 상처가 아님을 우리 모두 알고 있다. 그리하여 마침내 저 자아는 "내게는 이름이 없다/너에게 줄 이름이"(「달은 어떻게 죽는가」)라는, 처절한 자기인식에 당도한다. '너에게 줄 이름'이 없는 이 공간이야말로 바로 시인이 '회색 방'이라고 불렀던 장소이리라. 아래의 시에 등장하는 '우물'이나 '빈집'의 이미지들은 저 '회색 방'의 가장 아름다운 변주들에 속할 듯하다.

    여우고개 중턱 우물 하나 있지요
    구름이 차양을 치며 지나가고 별이 제 뿌리를 낮춰 들여
  다보던

돌로 쌓은 둥근 우물

까만 눈 글썽이며 빛났지요 우물에 얼굴을 비추며 늙어가던 사람들 지금은 사라졌지요 양은 대야에 물을 담아 손 씻어주던 그 사람 생각났지요

찰박찰박 손 적시던 물소리에 섞여 궁핍해서 미안해요, 가늘게 떨리던 말 우물에 비친 살구꽃 봉오리 활짝 피어났지요

쓰러져가는 집 우물가를 서성이다 버려진 양은 대야를 씻었지요 긴 세월 두텁게 쌓인 살구꽃잎 걷어내는 것 같았지요 가던 길 잠시 미뤄두고 윤이 나는 대야에 맑은 목소리 채운 날

빈집 품에 안겨 오래도록 손 씻었지요
ㅡ「살구꽃 우물」 전문

시인은 "폭락 같은/절정,/그 벼랑에 결코 가 닿지 말자"(「사랑」)고 다짐한 바 있다. '절정'을 '벼랑'과 '폭락'으로 인식하는 자아에게 극단은 어쨌든 삼가야 할 어떤 것이겠다. 그렇기에 시집에서는 어떠한 극단적인 비관이나 낙관

도 존재하지 않는다. 거기에서는, 물론 전통적인 서정시의 달관 같은 것은 아예 자리할 곳이 없다. 그렇다면 남는 것은 오로지 '여기 지금'일 뿐이다. 그리고 '여기 지금'이라는 시공 속에 현존하는 외로움과 쓸쓸함, 슬픔과 아픔의 감정들뿐이다. 그것들은 또한 '여기 지금'을 숨 쉬고 있는 존재들의 아름다움에 대한 감각에서 촉발된 감정이기도 하다. 시집이 강렬한 색채감을 갖는 꽃의 이미지와 압도적인 운동감과 리듬을 갖는 춤의 이미지로 직조된 것은 바로 그러한 이유 때문일 듯하다. 강렬한 빨강(튤립, 칸나, 장미 등), 격렬한 몸짓/춤(플라멩코, 베이직, 라틴 음악, 살사 등), 나비와 뱀, 거울/우물의 이미지들은 모두『타인과 마리오네트 사이』를 지탱하는 핵심적인 상징-이미지들이다. 이 이미지의 다발들은 궁극에는 하나의 결정적인 이미지 속에서 통합된다. 그것들은 이내 '꽃'과 '나비'의 이미지로 응축되다가 마침내 '집시'라는 단일한 이미지로 수렴된다. 꽃의 노래와 나비의 춤은 그대로 집시의 '깐테 혼도'의 이미지 속에서 오롯이 구현된다.

  집시는 동시에 춤추면서 노래하는 존재이다. 아니, 그 존재 자체가 춤과 노래라고 해야 한다. 그의 처절한 절규와 격정적인 몸짓은 둘이 아니다. 사랑의 황홀과 너/당신의 상실/부재로 인한 비탄은 집시의 이미지 속에서 온전히 하나가 된다. 이 같은 집시의 춤이 또한 시집의 노래가 되는 것 또한 온당한 일이겠다.『타인과 마리오네트 사이』는 격렬한 춤과 절규의 노래가 서로 뒤엉켜 한 몸이 된 시집이다. 더욱 중요한 사실은, 이 노래/춤 속에서 삶과 죽음 또한 서로 뒤엉킨다는 점일 것이다. 시집에 빈번하게 출현하는 '나비'와 '뱀'의 이미지 또한 공통적으로 죽음을 통과한 신생과 부활의 상징이기도 하다. 탈피한 애벌레가 날개를 달고 우화(羽化)하는 나비의 이미지나, 허물을 벗고 환골탈태하는 뱀의 이미지는 동일하게도 이 같은 영혼의 부활과 신생을 상징한다. 그것은 그 자체로 삶과 죽음이 한 몸을 이룬 상징/이미지가 된다. 그런 의미에서 '거울/우물'의 이미지 또한 지난 과거의 모습을 투영하는 자기성찰과 반영의 이미지로서 이 환골탈태를 위한 예비적 단계를 마련한다고 해야 한다. 시집에서 나비와 뱀은, 거울과 우물은, 그리고 이 모든 것을 집약한 '집시의 노래/춤'은 언제나 변화하는 충만한 삶과 존재의 이미지로 작동한다. 거기에서 집시는 '삶의 충동'의 화신이 된다. 그것은, 아래의 시가 표현하고 있듯이, '타들어 가는' '빨강'과 '피'와 '춤혼'과 '칸나' 같은 격렬한 이미지들의 다발로 이루어져 있다.

칸나가 피었다
집시들은 춤 혼이 피었다며
칸나의 계절을 예찬한다

사내의 입에서 구르는 수십 개의 혀

노래에 맞춰 무희가 플라멩코를 춘다
박수를 치며 발을 구르는
빨강, 피를 데운다 뒤꿈지가 들린다

칸나의 중심이
기타 치는 사내의 손끝에서 타들어 가는
사크라몬테 집시촌
캐스터네츠가 맥박처럼 뛴다

칸나를 가두던 가장자리
거친 입김이 단단한 중심을 풀어 놓는다
춤이 칸나로 발화하는 동굴 속

절벽 끝을 스치며 만개하는
칸나
박수 소리가 집시 눈에서 나를 끌어낸다

             –「칸나」 전문

5.

 이은화의 시 세계는 서로 방향을 달리하는, 보다 정확히 말하자면 서로 대립되는 두 방향의 힘에 의해 구축되어 있다. 하나의 힘은 유년 "우물에 얼굴을 비추며 늙어가던 사람들",(「살구꽃 우물」)이라는 이미지로 표상되는 구심적 방향을 향한다. 그 방향 속에는 "부리가 굽어 가슴을 파고들자 눈에서 내뿜던 안광이 빛을 잃어가던 아버지"(「가훈」)가 우화의 풍경 속에 자리하고 있다. 또 다른 하나의 힘은 여행이라거나 이국이라는 이미지들의 표상으로 원심적 방향을 취한다. 『타인과 마리오네트 사이』에서 시인의 자아가 끊임없이 '낯선 땅'을 유랑하는 집시의 이미지와 포개지는 것도 바로 이 힘의 작용 때문이다. 시인은 "집시 눈에서 나를 끌어낸다"고 적시했던 터이다. 그리고 이 둘의 서로 대립하는 방향의 힘들이 시집의 긴장과 진폭을 만들어낸다. 주목할 만한 사실은, 이 두 방향의 힘으로 인해 시적 자아가 분열되거나 혼란을 겪는 일 따위는 발생하지 않는다는 것이다. 『타인과 마리오네트 사이』라는 시집에서 자아는 이 대립하는 힘들의 긴장을 통해 자아의 깊이(구심)와 폭(원심)을 동시에 확보함으로써 존재론적 성숙의 계기를 마련하는 것 같다.

서로 충돌을 일으키리라 예상되는 대립하는 두 방향의 힘들은 결국 '둘이면서 하나'인 어떤 근원적인 힘, 즉 앞서 언급한 바 있는 '삶의 충동'이라는 단일한 에너지로부터 발원하기 때문이다. 삶의 충동! 분명 그렇게 보인다. 시집의 2부에 실린 「바닥」이라는 시는 다음과 같이 노래했다. "우리는 알고 있지/딛고 있는 자리가/수렁의 꽃술이라, 허우적댈수록/활짝 핀다는 것을/마지막 고비라고 눈 감을 때가/비로소/숨꽃 트이는 자리라는 것을/(…중략…)/땅에 발 딛고 살아가는 일/수렁이라도, 피는 꽃은 아름다울 테니!". '마지막 고비'를 '숨꽃 트이는 자리'로 만드는 이 압도적인 에너지를 '삶의 충동'이라는 용어 외에 달리 무엇이라고 부를 수 있겠는가? 이 단일한 충동이 시집을 강렬한 색채감과 압도적인 운동감/율동으로 지배하게 만든다. 이 충동으로 말미암아 육체와 감각적 이미지들의 축제가 이은화의 시 세계를 역동적인 생명의 에너지로 들끓게 한다. 『타인과 마리오네트 사이』가 탐미적 에로티즘의 이미지들로 충만한 것도 바로 끊임없이 솟아오르는 이 충동 때문이다. 거기에서 육체와 감각은 이미 삶과 죽음의 관념마저 통과해 있는 것처럼 보인다. 에로티즘이라는 '제의'를 통과하여 결국 시인의 자아가 도달한 곳은 다음과 같은 "생살 타는 냄새"와 '노란 꽃봉오리'의 이미지를 갖는 '어머니'이기 때문이다.

꽃대를 불에 달군다
가스레인지에 타닥타닥 튀는 불꽃
생살 타는 냄새 난다
뜨거울수록 안으로 제 속을 감추는
노란 꽃봉오리
나를 키우느라 참던 어머니 신음 같아

자신의 명치를 치받던 새끼 염소

여린 뿔 꺾일까
밤마다 어루만지는 손길 따라가면
명치끝 적취(積聚)를 쓸어내리던 누런 얼굴

꽃병에 설탕물을 붓는다
흰 도자기 화병에 노란 장미를 꽂는다

식탁 위 어머니가 아프게 웃고 계신다
— 「푸른 염소의 방」 전문

'어머니'는 삶과 죽음을 대립 항으로 놓는 이분법의 관념으로는 이해될 수 없는 존재이다. 왜냐하면 "자신의 명치를 치받던 새끼 염소/여린 뿔 꺾일까"를 걱정하는 존재이기 때문이다. 그것은 영혼과 육체가, 관념과 감각이, 종국에는 삶과 죽음이 분리되지 않는 하나의 총체적 의미를 갖는 이미지로 작동한다. 어쩌면 이은화의 시 세계에 깊게 침윤되어 있는 외로움, 그리움, 슬픔의 정조들은 이미 상실된 고향/유토피아와 연관되어 있을 것이다. 이는 내면을 향한 응시가 자기성찰과 반성의 시선에 이르고 있음을 우리는 이미 확인한 바 있다. 시인은 "수천 개의 눈에 갇힌 나를 왈칵 토해내고 싶은데", "빛 속에 갇혀 타인의 춤을 추는" "당신은 누구의 마리오네트입니까"(「타인과 마리오네트 사이」)라며 자문했던 것이다. 그리하여 이 존재론적 물음과 성찰로부터 삶의 덧없음과 무망함을 온전히 수락하여 새로운 삶의 의미를 축조하고자 했던 저 집시의 춤과 에로티즘의 열정이 온전한 제 몫을 배당받게 된다.

  에로티즘의 열정은 또한 '덧없음'과 '죽음'의 이미지들을 필연적으로 환기한다. 충만한 삶의 충동은 동시에 덧없이 사라질 죽음의 욕망에 대한 수락이기 때문이다. 에로티즘은 삶과 죽음이라는 두 개의 얼굴을 양면으로 갖는다. 거기에서 죽음의 충동은 또한 신생의 욕망과 서로 꼬리를 물고 있다. 시집에서 나비/뱀, 우물/거울의 이미지 계열체들은 모두 이 같은 욕망의 상징들로 자리한다. 그러나 저 부활과 신생의 성취가 영혼의 가능성을 담보하긴 하지만, 그 영혼 또한 이 감각적인 삶의 충동과 충만을 전제하거나 결과하지 않으면 무의미해진다. 그렇기에 영혼의 삶을 감각적 삶의 부정이나 대립으로 간주하는 이분법적 사유는 『타인과 마리오네트 사이』에 존재하지 않는다. 시집에서 저 이분법을 넘어선 경계를 알려주는 지표가 '어머니' 혹은 '엄마'라는 이름으로 출현하는 것이다. 에로티즘의 신비가 빛을 발하는 지점이리라. 왜냐하면 에로티즘 속에서 자아는 배가되기 때문이다. 자아는 자아이면서 동시에 타자가 된다. 애초에 '여백'이나 '공백', 혹은 '백지'에 지나지 않았던 자아는 마침내 어미가 되기 때문이다(새로운 생명의 탄생이라는 창조의 사건을 염두에 둔 것이다. 에로티즘이 죽음과 신생의 얼굴을 동시에 갖는다는 점은 바로 이러한 사태를 지적

한 것이다). 사랑의 황홀과 너/당신의 상실/부재를 모두 통과한 그 자리에 등장하는 이 존재는 곧 실존하는 자아 '자신'의 초상이기도 할 것이다. 거기에서 "물 끓어 넘치듯 울먹이는/어머니"가 이제 "내게 고"인다. 다시는 "달이 뜨고 지지 않"을 것이다. 마침내 자아는 어머니가 되었다.

> 물 끓어 넘치듯 울먹이는
> 어머니
> 당신을 피워내던 시절이 붉어
> 뱃속에는 숯이 가득하다
> 온기가 남은 불씨를 뒤적이자
> 벚꽃이 떨어진다
> 발등에 밤나비로 내려앉는 꽃잎들
> 흰 머리칼 쓸어 올리며
> 짓는 엷은 웃음 금세 어두워진다
> 달빛에 젖은 웃음이
> 내게 고이는 봄밤
> 그동안 당신에게 멋대로 차가웠던
> 손을 숨긴다 물 끓어 넘치듯
> 후회가 발등을 적신다
> 　　　　　　　　　　－「달이 뜨고 지지 않았다」 전문

그러나, 이 어머니라고 '삶의 충동'이 그냥 스쳐갈 리가

없다. 이 충동으로 말미암아 그녀 역시 "당신은 손님입니까/정인입니까" 물을 것이다. 4부 뒷부분에 배치된 「오후의 애인」은 다음과 같이 노래하고 있다. "생의 가장 행복한 순간이/지금이라면/품속의 수저 한 벌 꺼내고 싶은/봄밤 꽃잎 쌓이듯/망설임만/쌓이는". 그래, 그렇게 삶은 계속될 것이다. 집시의 춤과 노래처럼!

시인수첩 시인선 092
타인과 마리오네트 사이

ⓒ 이은화, 2025

초판 1쇄 인쇄 2025년 1월 9일
초판 1쇄 발행 2025년 1월 17일

지은이 | 이은화
발행인 | 이인철

펴낸곳 | (주)여우난골
주　소 | 서울특별시 강남구 언주로30길 27, 606호 (도곡동 우성리빙텔)
전　화 | 02-572-9898
팩　스 | 0504-981-9898
등　록 | 2020년 11월 19일 제2020-000328호

블로그 | blog.naver.com/seenote
이메일 | poetmemo@naver.com

ISBN 979-11-92651-32-3 03810

* 파본은 구매처에서 바꾸어 드립니다.